The Enchanted Chair And Other Bilingual French-English Stories for Kids

Pomme Bilingual

Published by Pomme Bilingual, 2024.

THE ENCHANTED CHAIR AND OTHER BILINGUAL FRENCH-ENGLISH STORIES FOR KIDS

First edition. September 10, 2024.

Copyright © 2024 Pomme Bilingual.

ISBN: 979-8227641373

Written by Pomme Bilingual.

Table of Contents

Le Mystère du Chat Voyageur

Il était une fois, dans une petite ville tranquille, un chat mystérieux nommé Félix. Félix n'était pas un chat comme les autres. Chaque matin, il quittait sa maison et disparaissait pour la journée entière. Personne ne savait où il allait ni ce qu'il faisait.

Léna, une petite fille curieuse qui vivait dans la même rue que Félix, observait souvent ce chat énigmatique de la fenêtre de sa chambre. Un jour, elle décida qu'elle devait découvrir le secret de Félix.

« Maman, est-ce que je peux suivre Félix aujourd'hui ? » demanda Léna, les yeux pleins de curiosité.

Sa maman rit doucement. « Tu veux suivre un chat, Léna ? D'accord, mais fais attention. »

Léna attendit avec impatience que Félix commence son voyage quotidien. Dès qu'il sortit de sa maison, elle le suivit discrètement. Félix marchait d'un pas tranquille, sa queue haute et ses yeux fixant droit devant lui. Il traversa les jardins, sauta par-dessus des clôtures, et parcourut les ruelles étroites de la ville.

Après un moment, Félix arriva devant une vieille maison abandonnée au bord de la ville. Léna était surprise. Pourquoi un chat viendrait-il ici ? Elle observa Félix entrer par une petite ouverture dans la porte.

Sans hésiter, Léna s'approcha et jeta un coup d'œil à travers la porte entrouverte. Ce qu'elle vit à l'intérieur la laissa bouche bée. Félix n'était pas seul. Il y avait des dizaines de chats, tous rassemblés autour d'un grand tapis rouge au milieu de la pièce. Et sur ce tapis se trouvait un vieux livre, ouvert.

Léna écouta attentivement et remarqua quelque chose d'encore plus étrange. Félix et les autres chats semblaient communiquer entre eux. Ils ne miaulaient pas, mais semblaient se comprendre d'un simple regard.

Soudain, Félix se tourna vers elle. « Tu peux entrer, Léna, » dit-il calmement.

Léna ne pouvait pas croire ce qu'elle venait d'entendre. Un chat qui parle ? Était-elle en train de rêver ?

Elle poussa doucement la porte et entra dans la pièce. Félix l'accueillit avec un sourire félin.

« Ne sois pas effrayée. Je sais que c'est inhabituel, mais nous, les chats, avons nos propres mystères. »

Léna était fascinée. « Qu'est-ce que c'est que cet endroit ? Et ce livre ? » demanda-t-elle.

Félix sauta gracieusement sur le tapis et regarda le livre. « Ce livre contient les histoires de tous les chats voyageurs comme moi. Nous sommes des gardiens de secrets anciens. Chaque jour, nous nous rassemblons ici pour partager nos découvertes. »

Léna était émerveillée. « Est-ce que je peux lire le livre ? »

Félix hocha la tête. « Tu es spéciale, Léna. Peu d'humains ont eu l'honneur de découvrir notre secret. Mais tu dois promettre de ne jamais le révéler à personne. »

Léna fit la promesse solennelle et s'assit à côté de Félix pour lire le livre. Les pages étaient remplies de dessins de chats dans des lieux extraordinaires : des pyramides en Égypte, des forêts enchantées, et même des châteaux dans les nuages. Chaque histoire parlait des aventures incroyables que ces chats avaient vécues.

En lisant, Léna se sentait comme transportée dans ces mondes lointains. Félix lui expliqua que chaque chat voyageur avait une mission spéciale. « Nous protégeons la magie du monde, » dit-il. « Mais notre travail doit rester secret. Si les humains savaient tout, la magie disparaîtrait. »

Le soleil commençait à se coucher, et Léna savait qu'elle devait rentrer chez elle. « Est-ce que je peux revenir demain ? » demanda-t-elle.

Félix lui sourit. « Tu seras toujours la bienvenue ici, Léna. Mais souviens-toi, notre secret doit rester caché. »

Léna quitta la vieille maison avec une nouvelle perspective sur Félix et sur les mystères du monde qui l'entouraient. Désormais, chaque fois qu'elle voyait Félix se faufiler hors de la maison, elle savait qu'il partait pour une nouvelle aventure, dans des lieux que seuls les chats voyageurs connaissaient.

The Mystery of the Traveling Cat

Once upon a time, in a quiet little town, there was a mysterious cat named Felix. Felix was not like other cats. Every morning, he left his house and disappeared for the entire day. No one knew where he went or what he did.

Léna, a curious little girl who lived on the same street as Felix, often watched this enigmatic cat from her bedroom window. One day, she decided she had to discover Felix's secret.

"Mum, can I follow Felix today?" Léna asked, her eyes full of curiosity.

Her mother laughed softly. "You want to follow a cat, Léna? Okay, but be careful."

Léna eagerly waited for Felix to start his daily journey. As soon as he left his house, she discreetly followed him. Felix walked calmly, his tail high and his eyes fixed straight ahead. He crossed gardens, jumped over fences, and wandered through the narrow alleys of the town.

After a while, Felix arrived at an old, abandoned house on the edge of town. Léna was surprised. Why would a cat come here? She watched as Felix slipped through a small opening in the door.

Without hesitation, Léna approached and peeked through the slightly open door. What she saw inside left her speechless. Felix was not alone. There were dozens of cats gathered around a large red rug in the middle of the room. And on the rug was an old book, open.

Léna listened closely and noticed something even stranger. Felix and the other cats seemed to be communicating with each other. They weren't meowing, but they seemed to understand each other with just a glance.

Suddenly, Felix turned to her. "You can come in, Léna," he said calmly.

Léna couldn't believe what she just heard. A talking cat? Was she dreaming?

She gently pushed the door open and stepped inside. Felix greeted her with a feline smile.

"Don't be scared. I know this is unusual, but we cats have our own mysteries."

Léna was fascinated. "What is this place? And that book?" she asked.

Felix gracefully jumped onto the rug and looked at the book. "This book contains the stories of all the traveling cats like me. We are guardians of ancient secrets. Every day, we gather here to share our discoveries."

Léna was in awe. "Can I read the book?"

Felix nodded. "You are special, Léna. Few humans have had the honor of discovering our secret. But you must promise never to tell anyone."

Léna made the solemn promise and sat down next to Felix to read the book. The pages were filled with drawings of cats in extraordinary places: pyramids in Egypt, enchanted forests, and even castles in the clouds. Each story spoke of the incredible adventures these cats had lived.

As she read, Léna felt like she was being transported to these far-off worlds. Felix explained that each traveling cat had a special mission. "We protect the magic of the world," he said. "But our work must remain secret. If humans knew everything, the magic would disappear."

The sun began to set, and Léna knew she had to go home. "Can I come back tomorrow?" she asked.

Felix smiled at her. "You will always be welcome here, Léna. But remember, our secret must stay hidden."

Léna left the old house with a new perspective on Felix and the mysteries of the world around her. From then on, every time she saw Felix sneaking out of the house, she knew he was off on another adventure, to places only the traveling cats knew about.

La Chaise Enchantée

D ans un petit village paisible, niché au pied d'une grande montagne, vivait une jeune fille nommée Camille. Camille aimait passer ses après-midis dans la maison de sa grand-mère, une vieille dame toujours pleine d'histoires fascinantes. La grand-mère de Camille possédait une chose particulièrement intrigante : une vieille chaise en bois qui trônait au milieu du salon.

Cette chaise semblait ordinaire au premier coup d'œil, mais chaque fois que Camille s'y asseyait, quelque chose de magique se produisait.

Un après-midi, alors que le soleil commençait à baisser, Camille décida de s'asseoir dans la chaise tout en écoutant sa grand-mère raconter une histoire.

« Grand-mère, pourquoi cette chaise semble-t-elle toujours si spéciale ? » demanda-t-elle en se calant dans le vieux coussin.

La grand-mère sourit mystérieusement. « Cette chaise, ma chère, a une longue histoire. On raconte qu'elle est enchantée. Ceux qui y croient peuvent voir des mondes que personne d'autre ne peut voir. »

Camille haussa les sourcils, intriguée. « Enchantée ? Comment ? »

« Essaie par toi-même, » répondit la grand-mère en fermant doucement les yeux, comme si elle savait que quelque chose de magique était sur le point de se produire.

Camille ferma les yeux à son tour et, tout à coup, elle sentit un léger tourbillon autour d'elle. Lorsqu'elle ouvrit les yeux, elle n'était plus dans le salon de sa grand-mère, mais dans une vaste prairie aux fleurs multicolores. Devant elle se tenait un petit lapin blanc, qui la fixait avec de grands yeux doux.

« Bonjour Camille ! » dit le lapin d'une voix douce. « J'ai attendu que tu viennes. »

Camille sursauta. Un lapin qui parle ? Était-elle encore dans la réalité ? Elle se pinça discrètement le bras, mais la prairie restait la même, et le lapin la regardait toujours avec un sourire.

« Où suis-je ? » demanda Camille, stupéfaite.

« Tu es dans le Pays des Rêves, un endroit que seuls les enfants ayant un grand cœur peuvent voir. Ta chaise est la clé qui t'a permis de venir ici, » expliqua le lapin en sautillant autour d'elle.

Camille regarda autour d'elle, émerveillée. La prairie semblait s'étendre à l'infini, et au loin, elle aperçut des montagnes aux sommets dorés et des rivières argentées serpentant à travers des forêts d'arbres violets. C'était un paysage qu'elle n'avait jamais vu, même dans ses rêves les plus fous.

« Qu'est-ce qu'on fait ici ? » demanda Camille.

Le lapin fit un bond joyeux. « Ici, tout est possible. Tu peux rencontrer des créatures incroyables, résoudre des énigmes, et peut-être même découvrir quelque chose sur toi-même. Mais fais attention, certains défis peuvent être plus compliqués qu'ils ne le paraissent. »

Curieuse et intrépide, Camille suivit le lapin à travers la prairie. Ils marchèrent jusqu'à une petite colline d'où elle pouvait voir un château flottant dans le ciel. Des nuages le portaient doucement, comme une île paisible dérivant au gré du vent.

« C'est là que nous devons aller, » dit le lapin, pointant vers le château. « Mais pour y arriver, tu devras traverser trois épreuves. »

Camille sourit, prête à relever le défi. « Quelles sont ces épreuves ? »

« La première est celle de la patience, » répondit le lapin. « Près de la rivière, un vieux poisson te posera une question. Tu devras écouter attentivement et y répondre avec sagesse. »

Camille suivit le lapin jusqu'à une rivière scintillante. Là, un poisson argenté nageait calmement, ses yeux sages se posant sur elle.

« Petite fille, » dit le poisson d'une voix grave, « Qu'est-ce qui est plus précieux que l'or, mais que l'on ne peut jamais garder ? »

Camille réfléchit longuement. Elle se souvenait des histoires de sa grand-mère, de ses leçons sur la vie. Soudain, elle sourit. « Le temps, » répondit-elle. « Il est précieux, mais il passe, que nous le voulions ou non. »

Le poisson hocha la tête avec respect. « Tu as répondu avec sagesse, Camille. Passe à l'épreuve suivante. »

Le lapin applaudit doucement, visiblement fier. « Bien joué ! La prochaine épreuve est celle du courage. Tu dois affronter un dragon, mais pas un dragon comme les autres. Celui-ci est très timide et a peur de tout. »

Camille suivit le lapin jusqu'à une clairière où se cachait un petit dragon vert, tremblant derrière un rocher. Ses écailles brillaient sous le soleil, mais ses grands yeux montraient une grande timidité.

« Bonjour, petit dragon, » dit Camille avec douceur. « Pourquoi te caches-tu ? »

Le dragon renifla tristement. « Tout le monde pense que je suis dangereux parce que je suis un dragon, mais je n'aime pas me battre. J'ai peur que les autres me jugent. »

Camille s'assit à côté du dragon, lui montrant qu'elle n'avait pas peur. « Parfois, les autres ne comprennent pas qui nous sommes vraiment. Mais si tu es gentil, les gens finiront par le voir. Veux-tu m'aider à atteindre le château ? »

Le dragon hocha timidement la tête et se leva. Avec un battement de ses ailes puissantes, il souleva Camille et le lapin dans les airs, les emmenant doucement vers le château flottant.

Une fois arrivés, Camille se retrouva devant une grande porte ornée de pierres précieuses. Le lapin lui lança un dernier sourire.

« La dernière épreuve est celle du cœur. Seul quelqu'un avec un cœur pur peut ouvrir cette porte. Essaie, Camille. »

Camille posa ses mains sur la porte, fermant les yeux et se concentrant sur tout l'amour qu'elle ressentait : pour sa grand-mère, sa famille, et même pour le petit dragon. Soudain, la porte s'ouvrit lentement, révélant un jardin magnifique à l'intérieur du château, rempli de fleurs dorées et d'arbres majestueux.

« Félicitations, » dit le lapin en souriant. « Tu as réussi toutes les épreuves. »

Camille sourit en retour, se sentant plus forte et plus sage qu'auparavant. Mais elle savait que l'aventure touchait à sa fin. Elle se tourna vers le lapin.

« Est-ce que je peux revenir un jour ? » demanda-t-elle.

« Tu reviendras, » répondit le lapin. « Chaque fois que tu t'assoiras dans cette chaise enchantée, le Pays des Rêves t'accueillera à nouveau. »

Camille ferma les yeux, et en un instant, elle se retrouva dans le salon de sa grand-mère, toujours assise dans la vieille chaise. Sa grand-mère souriait, comme si elle savait exactement ce qui venait de se passer.

« Alors, ma chère, as-tu aimé ton voyage ? » demanda sa grand-mère.

Camille hocha la tête, les yeux pétillants. « Oui, grand-mère. Et je reviendrai. »

The Enchanted Chair

In a quiet little village nestled at the foot of a great mountain lived a young girl named Camille. Camille loved spending her afternoons at her grandmother's house, a place always filled with fascinating stories. Her grandmother owned one particularly intriguing thing: an old wooden chair that sat in the middle of the living room.

This chair seemed ordinary at first glance, but every time Camille sat in it, something magical happened.

One afternoon, as the sun began to set, Camille decided to sit in the chair while listening to her grandmother tell a story.

"Grandma, why does this chair always feel so special?" she asked as she settled into the worn cushion.

Her grandmother smiled mysteriously. "This chair, my dear, has a long history. It is said to be enchanted. Those who believe can see worlds no one else can."

Camille raised her eyebrows, intrigued. "Enchanted? How?"

"Try for yourself," her grandmother replied, gently closing her eyes, as if she knew something magical was about to happen.

Camille closed her eyes too, and suddenly, she felt a light breeze swirl around her. When she opened her eyes, she was no longer in her grandmother's living room but in a vast meadow filled with multicolored flowers. In front of her stood a small white rabbit, gazing at her with large, soft eyes.

"Hello, Camille!" said the rabbit in a gentle voice. "I've been waiting for you."

Camille jumped. A talking rabbit? Was she still in reality? She discreetly pinched her arm, but the meadow remained the same, and the rabbit was still smiling at her.

"Where am I?" Camille asked, astonished.

"You are in the Land of Dreams, a place only children with big hearts can see. Your chair is the key that brought you here," the rabbit explained, hopping around her.

Camille looked around, amazed. The meadow seemed to stretch on forever, and in the distance, she saw mountains with golden peaks and silver rivers winding through forests of purple trees. It was a landscape she had never seen, even in her wildest dreams.

"What do we do here?" Camille asked.

The rabbit gave a joyful hop. "Here, anything is possible. You can meet incredible creatures, solve puzzles, and maybe even discover something about yourself. But be careful, some challenges might be harder than they seem."

Curious and brave, Camille followed the rabbit through the meadow. They walked until they reached a small hill, from where she could see a floating castle in the sky. Clouds gently carried it, like a peaceful island drifting with the wind.

"That's where we need to go," said the rabbit, pointing at the castle. "But to get there, you must pass three trials."

Camille smiled, ready for the challenge. "What are these trials?"

"The first is the Trial of Patience," the rabbit replied. "By the river, an old fish will ask you a question. You must listen carefully and answer wisely."

Camille followed the rabbit to a shimmering river. There, a silver fish swam calmly, its wise eyes fixed on her.

"Little girl," the fish said in a deep voice, "What is more precious than gold, but can never be kept?"

Camille thought for a long time. She remembered her grandmother's stories and the lessons about life. Suddenly, she smiled. "Time," she answered. "It is precious, but it passes whether we want it to or not."

The fish nodded with respect. "You have answered wisely, Camille. Proceed to the next trial."

The rabbit clapped softly, clearly proud. "Well done! The next trial is the Trial of Courage. You must face a dragon, but not just any dragon. This one is very shy and afraid of everything."

Camille followed the rabbit to a clearing where a small green dragon was trembling behind a rock. Its scales sparkled in the sunlight, but its large eyes showed great shyness.

"Hello, little dragon," Camille said gently. "Why are you hiding?"

The dragon sniffled sadly. "Everyone thinks I'm dangerous because I'm a dragon, but I don't like to fight. I'm afraid people will judge me."

Camille sat beside the dragon, showing that she wasn't afraid. "Sometimes, others don't understand who we really are. But if you are kind, people will eventually see it. Will you help me reach the castle?"

The dragon timidly nodded and stood up. With a flap of its powerful wings, it gently lifted Camille and the rabbit into the air, carrying them toward the floating castle.

Once they arrived, Camille found herself in front of a large door adorned with precious stones. The rabbit gave her one last smile.

"The final trial is the Trial of the Heart. Only someone with a pure heart can open this door. Try it, Camille."

Camille placed her hands on the door, closing her eyes and focusing on all the love she felt: for her grandmother, her family, and even for the little dragon. Suddenly, the door slowly opened, revealing a beautiful garden inside the castle, filled with golden flowers and majestic trees.

"Congratulations," the rabbit said with a smile. "You have passed all the trials."

Camille smiled back, feeling stronger and wiser than before. But she knew the adventure was coming to an end. She turned to the rabbit.

"Can I come back someday?" she asked.

"You will return," the rabbit replied. "Every time you sit in that enchanted chair, the Land of Dreams will welcome you again."

Camille closed her eyes, and in an instant, she was back in her grandmother's living room, still sitting in the old chair. Her grandmother was smiling, as if she knew exactly what had just happened.

"So, my dear, did you enjoy your journey?" her grandmother asked.

Camille nodded, her eyes sparkling. "Yes, Grandma. And I will come back."

Le Chaton Curieux et La Forêt Mystérieuse

Il était une fois un petit chaton nommé Mimi qui vivait avec une vieille dame gentille, Maman Jeanne, dans une petite maison au bord d'une forêt. Mimi était un chaton curieux, toujours à l'affût de nouvelles aventures. Chaque matin, il observait la forêt à travers la fenêtre, se demandant quels secrets se cachaient derrière les grands arbres.

Maman Jeanne avertissait toujours Mimi de ne pas s'approcher trop près de la forêt. « La forêt est pleine de mystères, Mimi, et parfois, il vaut mieux rester à l'écart des mystères que l'on ne comprend pas », disait-elle en lui caressant la tête.

Mais Mimi ne pouvait pas s'empêcher d'être fasciné. Un jour, alors que Maman Jeanne faisait la sieste, Mimi décida qu'il était temps de découvrir par lui-même ce que la forêt avait à offrir.

Il s'approcha des grands arbres, ses petites pattes marchant silencieusement sur l'herbe douce. Les feuilles bruissaient doucement sous le vent, et les oiseaux chantaient au loin. Plus il s'aventurait dans la forêt, plus elle lui paraissait magique.

« Je vais juste explorer un petit peu », se dit Mimi. Mais au fur et à mesure qu'il avançait, il remarqua quelque chose d'étrange. Il n'y avait plus de chants d'oiseaux, ni de bruissements de feuilles. La forêt était devenue très calme, trop calme.

Soudain, une voix douce se fit entendre derrière lui. « Bonjour, petit chaton. »

Mimi se retourna brusquement et vit une créature qu'il n'avait jamais vue auparavant. C'était un hibou, mais pas un hibou ordinaire. Ses plumes brillaient comme des étoiles dans la nuit, et ses yeux, grands et sages, semblaient tout savoir.

« Qui… qui êtes-vous ? » demanda Mimi, surpris mais curieux.

« Je suis Hibou Sagesse, le gardien de cette forêt. Peu de créatures ont le courage d'explorer aussi profondément. Que fais-tu ici, petit chaton ? » demanda Hibou Sagesse.

« Je voulais seulement voir ce qu'il y avait dans la forêt. Elle m'a toujours semblé si mystérieuse et belle », répondit Mimi, un peu intimidé mais déterminé à savoir plus.

Hibou Sagesse hocha la tête doucement. « La forêt est en effet pleine de merveilles, mais aussi de dangers pour ceux qui ne savent pas où ils vont. Cependant, puisque tu es ici, je vais te montrer un chemin secret. Mais tu dois promettre de rester toujours curieux et de ne pas avoir peur de ce que tu vas découvrir. »

Mimi, excité par l'idée d'une nouvelle aventure, promit sans hésiter.

Le hibou déploya ses ailes brillantes et fit signe à Mimi de le suivre. Ils marchèrent ensemble à travers des sentiers cachés, plus profonds dans la forêt. Mimi aperçut des choses qu'il n'avait jamais vues auparavant : des arbres si hauts qu'ils semblaient toucher le ciel, des fleurs qui brillaient dans le noir, et des rivières argentées qui chantaient doucement.

Mais soudain, ils arrivèrent devant un grand arbre, plus vieux et plus majestueux que tous les autres. À sa base, une porte secrète était cachée dans les racines.

« Voici l'Arbre de la Connaissance, » dit Hibou Sagesse d'un ton solennel. « Ce que tu vas découvrir ici te changera à jamais. Es-tu prêt ? »

Mimi, bien qu'un peu nerveux, hocha la tête. Il était trop curieux pour reculer maintenant.

Ils entrèrent dans l'Arbre de la Connaissance. À l'intérieur, tout était brillant et doré. Des livres flottaient dans l'air, et des lumières dansaient comme des lucioles autour d'eux. Mimi se sentait à la fois émerveillé et un peu intimidé.

« Ici, chaque créature de la forêt apprend les plus grands secrets du monde, » expliqua Hibou Sagesse. « Mais tout le monde ne peut pas tout savoir d'un coup. Le véritable savoir prend du temps, de la patience, et beaucoup de curiosité. »

Mimi regarda autour de lui, fasciné par tout ce qu'il voyait. Il y avait tant de choses qu'il voulait apprendre. Mais par où commencer ?

« Que dois-je faire maintenant ? » demanda-t-il, un peu confus.

« Le premier pas vers la connaissance, petit chaton, est de poser la bonne question, » répondit Hibou Sagesse.

Mimi réfléchit. Il avait tant de questions en tête, mais il se souvenait des paroles de Maman Jeanne. La forêt était pleine de mystères. Mais quels mystères devait-il comprendre ?

« Pourquoi la forêt est-elle si mystérieuse ? » demanda enfin Mimi.

Hibou Sagesse sourit, satisfait. « C'est une excellente question. La forêt est mystérieuse parce que chaque créature qui y entre voit quelque chose de différent. Certains y voient des merveilles, d'autres des dangers. Tout dépend de la manière dont tu choisis de regarder le monde. »

Mimi pensa à cela un moment. « Alors, la forêt change en fonction de ce que je pense ? »

« Exactement, » répondit Hibou Sagesse. « Si tu regardes avec curiosité et amour, tu verras des choses magnifiques. Mais si tu as peur ou que tu es trop prudent, tu risques de ne jamais voir les plus grandes merveilles. »

Mimi se sentit soudain très petit dans ce grand monde, mais aussi plus courageux que jamais. Il voulait voir la beauté de la forêt, mais il comprenait maintenant qu'il devait aussi respecter ses mystères.

« Merci, Hibou Sagesse, » dit Mimi, se sentant plus sage.

Le hibou hocha la tête. « Tu as beaucoup appris aujourd'hui, petit chaton. Mais souviens-toi, la véritable aventure ne fait que commencer. »

Ils sortirent de l'Arbre de la Connaissance, et Hibou Sagesse guida Mimi jusqu'à la lisière de la forêt.

« Reviens quand tu seras prêt pour d'autres secrets, » dit le hibou avant de s'envoler silencieusement dans le ciel nocturne.

Mimi retourna à la maison de Maman Jeanne, son esprit plein de nouvelles pensées. Il n'était plus simplement curieux. Il avait appris que la vraie aventure résidait dans la manière dont on regardait le monde.

Cette nuit-là, en s'endormant dans son petit lit, Mimi rêva des merveilles de la forêt et des secrets qu'il découvrirait un jour. Il savait maintenant que, même si la forêt était mystérieuse, elle était aussi pleine de magie pour ceux qui osaient la voir.

The Curious Kitten and the Mysterious Forest

Once upon a time, there was a little kitten named Mimi who lived with a kind old lady, Maman Jeanne, in a small house at the edge of a forest. Mimi was a curious kitten, always on the lookout for new adventures. Every morning, he would watch the forest through the window, wondering what secrets were hidden behind the tall trees.

Maman Jeanne always warned Mimi not to go too close to the forest. "The forest is full of mysteries, Mimi, and sometimes it's better to stay away from mysteries we don't understand," she would say while gently stroking his head.

But Mimi couldn't help being fascinated. One day, while Maman Jeanne was taking a nap, Mimi decided it was time to find out for himself what the forest had to offer.

He approached the tall trees, his little paws walking silently on the soft grass. The leaves rustled gently in the wind, and the birds sang in the distance. The deeper he ventured into the forest, the more magical it seemed.

"I'll just explore a little bit," Mimi told himself. But as he went further, he noticed something strange. There were no more birds singing, no leaves rustling. The forest had become very quiet, too quiet.

Suddenly, a soft voice came from behind him. "Hello, little kitten."

Mimi turned around abruptly and saw a creature he had never seen before. It was an owl, but not an ordinary one. Its feathers shimmered like stars in the night, and its eyes, large and wise, seemed to know everything.

"Who... who are you?" asked Mimi, surprised but curious.

"I am Owl Wisdom, the guardian of this forest. Few creatures have the courage to explore this deeply. What brings you here, little kitten?" asked Owl Wisdom.

"I just wanted to see what was in the forest. It has always seemed so mysterious and beautiful to me," replied Mimi, a bit intimidated but determined to know more.

Owl Wisdom nodded gently. "The forest is indeed full of wonders, but also dangers for those who don't know where they are going. However, since you are here, I will show you a secret path. But you must promise to remain curious and not be afraid of what you will discover."

Mimi, excited at the thought of a new adventure, promised without hesitation.

The owl spread its shining wings and signaled Mimi to follow. They walked together through hidden trails, deeper into the forest. Mimi saw things he had never seen before: trees so tall they seemed to touch the sky, flowers that glowed in the dark, and silver rivers that sang softly.

But suddenly, they arrived in front of a great tree, older and more majestic than all the others. At its base, a secret door was hidden within the roots.

"This is the Tree of Knowledge," said Owl Wisdom solemnly. "What you discover here will change you forever. Are you ready?"

Mimi, though a bit nervous, nodded. He was too curious to turn back now.

They entered the Tree of Knowledge. Inside, everything was bright and golden. Books floated in the air, and lights danced like fireflies around them. Mimi felt both amazed and a little intimidated.

"Here, every creature in the forest learns the greatest secrets of the world," explained Owl Wisdom. "But not everyone can know everything at once. True knowledge takes time, patience, and a lot of curiosity."

Mimi looked around, fascinated by everything he saw. There were so many things he wanted to learn. But where should he start?

"What should I do now?" he asked, a bit confused.

"The first step to gaining knowledge, little kitten, is to ask the right question," replied Owl Wisdom.

Mimi thought. He had so many questions in his mind, but he remembered Maman Jeanne's words. The forest was full of mysteries. But which mysteries did he need to understand?

"Why is the forest so mysterious?" Mimi finally asked.

Owl Wisdom smiled, pleased. "That is an excellent question. The forest is mysterious because every creature who enters it sees something different. Some see wonders, others see dangers. It all depends on how you choose to view the world."

Mimi thought about that for a moment. "So, the forest changes based on what I think?"

"Exactly," replied Owl Wisdom. "If you look with curiosity and love, you will see beautiful things. But if you are afraid or too cautious, you might never see the greatest wonders."

Mimi suddenly felt very small in this big world, but also braver than ever. He wanted to see the beauty of the forest, but now he understood that he also had to respect its mysteries.

"Thank you, Owl Wisdom," said Mimi, feeling wiser.

The owl nodded. "You have learned a lot today, little kitten. But remember, the true adventure is only beginning."

They left the Tree of Knowledge, and Owl Wisdom guided Mimi back to the edge of the forest.

"Come back when you are ready for more secrets," said the owl before silently flying into the night sky.

Mimi returned to Maman Jeanne's house, his mind full of new thoughts. He was no longer just curious. He had learned that the real adventure lay in how one looked at the world.

That night, as he fell asleep in his little bed, Mimi dreamed of the wonders of the forest and the secrets he would one day discover. He now knew that, although the forest was mysterious, it was also full of magic for those who dared to see it.

La Petite Souris et la Montre Enchantée

Dans une petite maison en pierre, au bord d'un village tranquille, vivait une petite souris appelée Sophie. Sophie était la plus curieuse des souris. Ses grands yeux brillaient toujours d'excitation, et elle avait un nez frétillant qui adorait découvrir de nouveaux recoins et trésors.

Un jour, en fouillant sous le plancher de la cuisine, elle découvrit un objet étrange : une vieille montre à gousset en or. Elle était rouillée et couverte de poussière, mais Sophie pouvait voir qu'elle devait avoir été précieuse à une époque.

« Oh, qu'est-ce que c'est que ça ? » murmura Sophie, fascinée. Elle la tira de sa cachette et la posa devant elle, observant les aiguilles arrêtées depuis longtemps.

Maman Souris, qui passait par là, fronça les sourcils en voyant la montre. « Où as-tu trouvé ça, Sophie ? »

« Sous le plancher, » répondit Sophie avec enthousiasme. « Tu crois qu'elle fonctionne encore ? »

Maman Souris secoua la tête. « C'est une vieille montre, Sophie. Elle a sûrement cessé de fonctionner il y a longtemps. Laisse-la, c'est juste un vieux débris. »

Mais Sophie n'était pas convaincue. Cette montre semblait spéciale. Alors, quand la nuit tomba et que tout le monde alla se coucher, elle revint près de la montre. Elle décida de la frotter un peu pour voir si elle pouvait briller à nouveau.

Aussitôt que ses petites pattes frottèrent l'or terni, quelque chose d'incroyable se produisit : la montre commença à briller d'une douce lueur dorée, et les aiguilles se mirent à tourner lentement. Sophie resta bouche bée. La montre n'était pas seulement magique, elle était vivante !

« Bonjour, petite souris, » dit une voix douce et chaleureuse. Sophie regarda autour d'elle, mais il n'y avait personne. « Ici, en bas, » reprit la voix.

Sophie se pencha vers la montre. « C'est... toi qui parles ? » demanda-t-elle.

« Oui, je suis la Montre Enchantée, » répondit l'objet avec un ton amusé. « Et je peux t'emmener où tu veux dans le temps, à condition que tu sois prête pour l'aventure. »

Sophie était éblouie. « Où je veux ? » s'émerveilla-t-elle. « Mais... comment cela fonctionne-t-il ? »

« Tout ce que tu as à faire, c'est de tourner la couronne de la montre et de penser à l'époque où tu veux aller, » expliqua la Montre Enchantée. « Mais attention, le temps est capricieux. Il ne faut pas en abuser. »

Sophie réfléchit un instant. Elle avait tant de questions, tant de moments qu'elle aimerait découvrir. Mais par où commencer ?

Elle se souvint d'une histoire que lui avait racontée Maman Souris sur la grande fête du village, une fête qui avait eu lieu il y a longtemps, bien avant sa naissance. Sophie avait toujours rêvé de voir cette fête, avec ses lumières, ses musiques, et les énormes tables remplies de nourriture.

« Je veux voir la grande fête du village ! » déclara-t-elle avec détermination.

Sans hésiter, Sophie tourna la couronne de la montre et pensa fort à la fête. La montre brilla plus intensément, et soudain, le sol sous ses pattes sembla disparaître. Elle se sentit légère, comme emportée par le vent, et avant même qu'elle ne puisse dire un mot, elle se retrouva au milieu du village.

Mais ce n'était pas le village tel qu'elle le connaissait. Il était plus animé, plus coloré, et la grande fête battait son plein. Des guirlandes lumineuses décoraient les rues, des musiciens jouaient de la flûte et du tambour, et les tables étaient effectivement couvertes de nourriture délicieuse. Sophie regarda autour d'elle, émerveillée.

« C'est incroyable ! » s'écria-t-elle, courant entre les jambes des villageois et des animaux, qui semblaient tous très heureux. Personne ne faisait attention à elle, comme si elle n'était qu'une petite spectatrice invisible.

Elle se faufila près des stands de nourriture, où elle vit des gâteaux aussi grands qu'elle, des fromages qui dégageaient une odeur alléchante, et des fruits brillants comme des joyaux. Sophie n'avait jamais vu un tel festin. Elle voulait tout goûter, mais elle se rappela que ce n'était qu'une visite dans le passé. Elle ne devait pas interagir avec quoi que ce soit, pour ne pas risquer de perturber le temps.

Soudain, elle aperçut au loin un stand de jouets et de petits trésors. Curieuse, elle s'en approcha, mais alors qu'elle observait les objets étincelants, un enfant trébucha près d'elle, faisant tomber un petit tambour. Sophie voulut l'aider, mais elle se retint, se rappelant l'avertissement de la montre.

Cependant, l'enfant la regarda directement dans les yeux et lui sourit. « Merci, petite souris, » dit-il en ramassant son tambour avant de s'éloigner. Sophie resta figée. Avait-il vraiment pu la voir ?

Le cœur battant, elle courut se cacher derrière un pot de fleurs. Le temps semblait vouloir jouer avec elle. Peut-être était-il temps de rentrer. Sophie regarda la montre et décida de tourner la couronne à nouveau. Elle pensa fort à sa petite maison en pierre, et en un clin d'œil, elle fut transportée de retour chez elle, dans la cuisine, où la montre reposait calmement.

« Alors, petite souris, l'aventure était-elle à la hauteur de tes attentes ? » demanda la Montre Enchantée avec un léger rire.

Sophie hocha la tête. « C'était incroyable ! Mais... je crois que le garçon m'a vue. Est-ce que c'est dangereux ? »

La montre brilla légèrement. « Parfois, le temps laisse entrevoir des choses à ceux qui ont un cœur pur. Ne t'en fais pas, petite souris. Tu as respecté les règles. »

Soulagée, Sophie posa doucement la montre sur une étagère, se promettant de l'utiliser à nouveau un jour, mais seulement pour des aventures importantes.

À partir de ce jour, Sophie continua de mener ses petites aventures dans la maison et autour du village. Mais elle savait qu'une plus grande aventure l'attendait toujours avec la Montre Enchantée, chaque fois qu'elle serait prête à découvrir un nouveau mystère du temps.

The Little Mouse and the Enchanted Watch

In a small stone house on the edge of a quiet village, there lived a little mouse named Sophie. Sophie was the most curious of mice. Her big eyes always sparkled with excitement, and she had a twitching nose that loved to discover new corners and treasures.

One day, while rummaging under the kitchen floorboards, she found a strange object: an old gold pocket watch. It was rusty and covered in dust, but Sophie could tell it must have been precious once.

"Oh, what's this?" Sophie murmured, fascinated. She pulled it out from its hiding place and placed it in front of her, staring at the stopped hands.

Mama Mouse, who was passing by, frowned when she saw the watch. "Where did you find that, Sophie?"

"Under the floor," Sophie replied excitedly. "Do you think it still works?"

Mama Mouse shook her head. "It's an old watch, Sophie. It probably stopped working long ago. Leave it, it's just an old piece of junk."

But Sophie wasn't convinced. This watch seemed special. So, when night fell and everyone went to bed, she returned to the watch. She decided to rub it a little to see if it could shine again.

As soon as her tiny paws rubbed the tarnished gold, something incredible happened: the watch began to glow with a soft golden light, and the hands slowly started to move. Sophie stood there, speechless. The watch wasn't just magical, it was alive!

"Hello, little mouse," said a soft, warm voice. Sophie looked around, but there was no one there. "Down here," the voice continued.

Sophie bent down towards the watch. "Is... is that you talking?" she asked.

"Yes, I am the Enchanted Watch," the object replied with an amused tone. "And I can take you anywhere in time, as long as you're ready for an adventure."

Sophie was dazzled. "Anywhere?" she marveled. "But... how does it work?"

"All you have to do is turn the crown of the watch and think of the time you want to go to," the Enchanted Watch explained. "But be careful, time is tricky. Don't abuse it."

Sophie thought for a moment. She had so many questions, so many moments she wanted to discover. But where to start?

She remembered a story Mama Mouse had told her about the great village festival, a celebration that had taken place long ago, well before Sophie was born. Sophie had always dreamed of seeing that festival, with its lights, music, and the huge tables full of food.

"I want to see the great village festival!" she declared with determination.

Without hesitation, Sophie turned the crown of the watch and thought hard about the festival. The watch glowed more brightly, and suddenly, the ground beneath her feet seemed to disappear. She felt light, as if carried by the wind, and before she could say a word, she found herself in the middle of the village.

But it wasn't the village as she knew it. It was more lively, more colorful, and the great festival was in full swing. Bright garlands decorated the streets, musicians played flutes and drums, and the tables were indeed covered with delicious food. Sophie looked around, amazed.

"This is incredible!" she exclaimed, running between the legs of the villagers and animals, all of whom seemed very happy. No one paid attention to her, as if she were just an invisible little spectator.

She sneaked near the food stands, where she saw cakes as big as herself, cheeses with mouth-watering aromas, and fruits shining like jewels. Sophie had never seen such a feast. She wanted to taste everything, but she remembered that this was just a visit to the past. She wasn't supposed to interact with anything, to avoid disrupting time.

Suddenly, she noticed a toy and trinket stand in the distance. Curious, she approached it, but just as she was admiring the shiny objects, a child stumbled near her, dropping a small drum. Sophie wanted to help him, but she held back, recalling the watch's warning.

However, the child looked directly into her eyes and smiled. "Thank you, little mouse," he said as he picked up his drum before walking away. Sophie stood frozen. Had he really seen her?

With her heart racing, she ran to hide behind a flowerpot. Time seemed to be playing tricks on her. Maybe it was time to go back. Sophie looked at the watch and decided to turn the crown again. She thought hard about her little stone house, and in the blink of an eye, she was back in her kitchen, where the watch rested calmly.

"Well, little mouse, was the adventure everything you expected?" asked the Enchanted Watch with a soft chuckle.

Sophie nodded. "It was amazing! But... I think the boy saw me. Is that dangerous?"

The watch glowed gently. "Sometimes, time reveals things to those with a pure heart. Don't worry, little mouse. You followed the rules."

Relieved, Sophie carefully placed the watch on a shelf, promising herself to use it again one day, but only for important adventures.

From that day on, Sophie continued her small adventures around the house and the village. But she knew that a greater adventure always awaited her with the Enchanted Watch, whenever she was ready to discover another mystery of time.

Le Miroir Magique

Dans une petite maison à la campagne, au cœur d'un jardin rempli de fleurs sauvages, vivait un chaton nommé Félix. Félix n'était pas un chaton ordinaire. Il était incroyablement curieux, toujours en quête de nouvelles choses à découvrir. Chaque matin, il s'aventurait dans le jardin, sautant parmi les hautes herbes et poursuivant les papillons. Mais malgré toutes ses aventures, Félix avait l'impression qu'il y avait encore tant de choses qu'il n'avait pas vues.

Un jour, alors qu'il explorait un coin du grenier qu'il n'avait jamais visité auparavant, Félix tomba sur un vieux miroir poussiéreux caché sous un drap. Le cadre en bois du miroir était finement sculpté avec des motifs de feuilles et de fleurs. Intrigué, Félix s'approcha pour mieux voir son reflet.

Mais lorsqu'il se regarda dans le miroir, quelque chose d'étrange se produisit. Au lieu de voir son propre reflet, Félix aperçut un autre chaton qui lui faisait signe de la patte depuis l'autre côté du miroir !

« Qui es-tu ? » demanda Félix, les yeux écarquillés.

Le chaton dans le miroir sourit. « Je suis Félix, tout comme toi, mais je viens d'un autre monde, un monde caché derrière ce miroir. »

Félix recula d'un pas, un peu effrayé, mais sa curiosité prit le dessus. « Un autre monde ? » répéta-t-il. « Comment est-ce possible ? »

Le chaton dans le miroir hocha la tête. « Ce miroir est magique. Il peut t'emmener dans mon monde, si tu veux. »

Félix hésita. « Mais qu'y a-t-il de l'autre côté ? »

Le chaton mystérieux sourit à nouveau. « Un monde rempli de mystères et de merveilles. Un endroit où tu peux découvrir des choses que tu n'as jamais vues auparavant. »

Félix était partagé entre la prudence et son envie irrépressible d'explorer. Finalement, il prit une profonde inspiration. « D'accord, je veux voir ce monde. »

Aussitôt qu'il prononça ces mots, le miroir se mit à briller d'une lumière douce et argentée. Avant que Félix ne puisse réagir, il se sentit aspiré à travers la surface brillante, comme s'il traversait un rideau d'eau.

Lorsqu'il ouvrit les yeux, Félix se retrouva dans un monde complètement différent de tout ce qu'il connaissait. Il se trouvait au milieu d'une clairière, entouré d'arbres aux feuilles dorées qui brillaient sous un soleil rose pâle. Des fleurs géantes, aussi hautes que des arbres, dansaient doucement sous la brise, et dans le ciel volaient des oiseaux de toutes les couleurs de l'arc-en-ciel.

Félix ne pouvait pas en croire ses yeux. Tout était si beau, si étrange, et pourtant si merveilleux.

« Bienvenue dans le monde du miroir, » dit une voix familière. C'était le chaton du miroir, qui se tenait maintenant à côté de Félix. « Ici, tout est un peu différent de ce que tu connais. Mais fais attention, certaines choses ne sont pas toujours ce qu'elles semblent être. »

Félix regarda autour de lui avec émerveillement, mais il se souvint des paroles du chaton. « Qu'est-ce qui n'est pas ce qu'il semble ? »

« Ici, » répondit le chaton avec un sourire énigmatique, « même le temps et l'espace sont des illusions. Tu pourrais penser marcher tout droit, mais en réalité, tu te retrouveras à revenir sur tes pas. »

Félix fronça les sourcils. « Mais pourquoi ce monde est-il si étrange ? »

Le chaton réfléchit un moment avant de répondre. « C'est un monde où les rêves et la réalité se rencontrent. Ceux qui entrent ici doivent apprendre à voir au-delà des apparences. »

Félix hocha la tête, se promettant d'être vigilant. Il commença à explorer la clairière, suivi de son mystérieux compagnon. Alors qu'ils marchaient, ils croisèrent des créatures extraordinaires : un écureuil qui changeait de couleur à chaque fois qu'il clignait des yeux, un oiseau qui parlait comme un vieux sage, et même un arbre qui racontait des histoires à quiconque voulait bien l'écouter.

Plus ils avançaient, plus Félix se sentait ébloui par la magie de ce monde. Mais une petite voix dans sa tête lui rappelait que tout ceci était peut-être une illusion. Alors qu'ils arrivaient près d'un lac, Félix aperçut quelque chose d'étrange dans l'eau. Le lac était parfaitement immobile, comme un miroir, et pourtant, il semblait refléter un ciel totalement différent de celui au-dessus de sa tête.

« C'est quoi ce lac ? » demanda Félix.

Le chaton mystérieux sourit encore une fois. « C'est le lac des souvenirs. Si tu regardes bien, il te montrera des souvenirs que tu as peut-être oubliés. »

Intrigué, Félix s'approcha du bord du lac et se pencha pour regarder. Soudain, le miroir de l'eau se troubla, et des images commencèrent à apparaître. Félix vit des scènes de sa propre vie : lui en train de jouer avec sa mère, les premières fois qu'il avait découvert des choses dans le jardin, et même des moments qu'il avait presque oubliés, comme la fois où il avait aidé un oiseau tombé de son nid.

Félix resta figé, émerveillé de voir ces souvenirs défiler devant ses yeux. « Comment est-ce possible ? » murmura-t-il.

« Ce monde peut te montrer des choses que tu as vécues, mais aussi celles que tu n'as pas encore découvertes, » répondit le chaton. « Mais attention, il ne faut pas rester trop longtemps ici. Le temps, comme je te l'ai dit, n'est pas fiable. »

Félix se redressa, son esprit en ébullition. « Est-ce que je pourrais me perdre ici ? »

Le chaton hocha gravement la tête. « Si tu ne fais pas attention, oui. Mais si tu suis ton instinct et que tu te rappelles d'où tu viens, tu pourras toujours trouver ton chemin. »

Soudain, Félix sentit un léger vertige. Il se rendit compte que malgré la beauté de ce monde, il commençait à avoir envie de rentrer chez lui. « Je crois que je veux rentrer maintenant, » dit-il doucement.

Le chaton mystérieux lui lança un regard bienveillant. « Très bien, Félix. Il te suffit de retourner au miroir par lequel tu es venu. »

Félix regarda autour de lui. « Mais je ne sais plus où il est. »

Le chaton sourit. « Le miroir est là où ton cœur le désire le plus. Concentre-toi sur ton chez-toi, et tu le trouveras. »

Fermant les yeux, Félix se concentra fort sur sa petite maison, sur le jardin avec ses fleurs sauvages, sur la douce voix de sa mère. Lorsqu'il ouvrit les yeux, il se tenait de nouveau devant le miroir poussiéreux du grenier.

Félix secoua la tête, un peu désorienté, mais soulagé d'être revenu. Le miroir ne brillait plus, et tout semblait redevenu normal. Était-ce vraiment arrivé ? Félix se demanda s'il avait rêvé.

Mais en regardant de plus près, il remarqua une petite feuille dorée, comme celle des arbres qu'il avait vus de l'autre côté du miroir, posée à ses pieds.

Avec un sourire, Félix comprit que son aventure était bien réelle. Et même si ce monde restait mystérieux, il savait qu'il pourrait y retourner un jour, quand il serait prêt pour de nouvelles découvertes.

The Magic Mirror

In a small house in the countryside, nestled in a garden full of wildflowers, lived a kitten named Felix. Felix wasn't an ordinary kitten. He was incredibly curious, always looking for new things to discover. Every morning, he ventured into the garden, jumping through tall grass and chasing butterflies. But despite all his adventures, Felix always felt that there was so much more left to explore.

One day, while exploring a part of the attic he had never visited before, Felix stumbled upon an old dusty mirror hidden under a cloth. The wooden frame of the mirror was finely carved with patterns of leaves and flowers. Intrigued, Felix approached to get a better look at his reflection.

But when he looked into the mirror, something strange happened. Instead of seeing his own reflection, Felix saw another kitten waving at him from the other side of the mirror!

"Who are you?" Felix asked, wide-eyed.

The kitten in the mirror smiled. "I'm Felix, just like you, but I come from another world, a world hidden behind this mirror."

Felix took a step back, a little scared, but his curiosity got the better of him. "Another world?" he repeated. "How is that possible?"

The kitten in the mirror nodded. "This mirror is magical. It can take you to my world, if you want."

Felix hesitated. "But what's on the other side?"

The mysterious kitten smiled again. "A world full of mysteries and wonders. A place where you can discover things you've never seen before."

Felix was torn between caution and his irresistible urge

between caution and his irresistible urge to explore. Finally, he took a deep breath. "Okay, I want to see this world."

As soon as he said those words, the mirror began to glow with a soft, silvery light. Before Felix could react, he felt himself being pulled through the shimmering surface, as if he were passing through a curtain of water.

When he opened his eyes, Felix found himself in a world completely different from anything he had ever known. He stood in the middle of a clearing, surrounded by trees with golden leaves that sparkled under a pale pink sun. Giant flowers, as tall as trees, swayed gently in the breeze, and birds of all the colors of the rainbow flew through the sky.

Felix couldn't believe his eyes. Everything was so beautiful, so strange, and yet so wonderful.

"Welcome to the world of the mirror," said a familiar voice. It was the kitten from the mirror, now standing beside Felix. "Here, everything is a bit different from what you know. But be careful, some things aren't always what they seem."

Felix looked around in amazement but remembered the kitten's words. "What isn't what it seems?"

"Here," replied the kitten with an enigmatic smile, "even time and space are illusions. You might think you're walking in a straight line, but in reality, you could end up right back where you started."

Felix frowned. "But why is this world so strange?"

The kitten thought for a moment before answering. "This is a world where dreams and reality meet. Those who enter here must learn to see beyond appearances."

Felix nodded, promising himself to be vigilant. He began exploring the clearing, followed by his mysterious companion. As they walked, they encountered extraordinary creatures: a squirrel that changed color every time it blinked, a bird that spoke like an old sage, and even a tree that told stories to anyone who would listen.

The more they wandered, the more Felix was dazzled by the magic of this world. But a small voice in his head reminded him that everything here might just be an illusion. As they approached a lake, Felix noticed something strange in the water. The lake was perfectly still, like a mirror, and yet it reflected a sky completely different from the one above his head.

"What's this lake?" Felix asked.

The mysterious kitten smiled once more. "This is the lake of memories. If you look closely, it will show you memories you may have forgotten."

Intrigued, Felix approached the edge of the lake and leaned over to look. Suddenly, the mirror-like water rippled, and images began to appear. Felix saw scenes from his own life: him playing with his mother, the first times he had discovered things in the garden, and even moments he had almost forgotten, like the time he helped a bird that had fallen from its nest.

Felix stood still, amazed to see these memories unfold before his eyes. "How is this possible?" he murmured.

"This world can show you things you've experienced, but also things you have yet to discover," the kitten replied. "But be careful, you mustn't stay here too long. As I said, time is unreliable."

Felix stood up, his mind racing. "Could I get lost here?"

The kitten nodded gravely. "If you're not careful, yes. But if you follow your instincts and remember where you came from, you'll always find your way."

Suddenly, Felix felt a slight dizziness. He realized that, despite the beauty of this world, he was beginning to miss home. "I think I want to go back now," he said softly.

The mysterious kitten gave him a kind look. "Very well, Felix. All you need to do is return to the mirror you came through."

Felix looked around. "But I don't know where it is."

The kitten smiled. "The mirror is where your heart desires the most. Focus on your home, and you'll find it."

Closing his eyes, Felix concentrated hard on his little house, on the garden with its wildflowers, on the gentle voice of his mother. When he opened his eyes, he was once again standing in front of the dusty mirror in the attic.

Felix shook his head, a little disoriented but relieved to be back. The mirror no longer glowed, and everything seemed to have returned to normal. Had it really happened? Felix wondered if he had dreamed it.

But upon closer inspection, he noticed a small golden leaf, like the ones from the trees he had seen on the other side of the mirror, lying at his feet.

With a smile, Felix understood that his adventure had been real. And even though that world remained mysterious, he knew that he could return one day, when he was ready for new discoveries.

Le Secret du Jardin Enchanté

Dans un petit village, entouré de collines verdoyantes, vivait une petite fille nommée Claire. Claire avait huit ans et adorait jouer dans le jardin de sa grand-mère. Ce n'était pas un jardin ordinaire, car il semblait toujours cacher quelque chose de mystérieux. Les fleurs y poussaient plus grandes que dans n'importe quel autre jardin, et les oiseaux chantaient des mélodies que Claire n'entendait nulle part ailleurs.

Mais ce que Claire préférait, c'était l'ancien pommier au fond du jardin. Il avait une forme étrange, avec ses branches tordues et ses racines visibles qui semblaient serpenter sous le sol. Sa grand-mère lui avait toujours dit que cet arbre était spécial.

« Il garde un secret, » lui avait dit sa grand-mère en souriant, un jour où elles s'étaient assises sous l'ombre de l'arbre. « Mais seuls les enfants qui croient en la magie peuvent le découvrir. »

Depuis ce jour, Claire n'avait cessé de s'interroger. Quel pouvait bien être le secret du pommier ? Était-ce un trésor caché sous les racines ? Ou peut-être une porte vers un autre monde ?

Un après-midi d'été, alors que Claire jouait toute seule dans le jardin, elle décida qu'elle était prête à découvrir le secret de l'arbre. Elle s'approcha du tronc noueux, posa sa main dessus, et murmura doucement : « Montre-moi ton secret, s'il te plaît. »

Pour un instant, rien ne se passa. Claire pensa qu'elle avait peut-être mal compris les paroles de sa grand-mère. Mais soudain, elle sentit une légère vibration sous ses doigts. Les feuilles de l'arbre se mirent à frémir, comme si un vent invisible les caressait, et les racines commencèrent à bouger lentement, révélant un petit trou caché à la base du tronc.

Le cœur de Claire battait fort. Elle s'agenouilla et regarda de plus près. Le trou semblait descendre profondément dans la terre, mais une douce lumière dorée émanait de l'intérieur. Sans hésiter, Claire rampa à l'intérieur du trou, suivant la lumière.

Le tunnel était plus long qu'elle ne l'aurait imaginé, mais elle n'avait pas peur. Elle savait que l'arbre la guidait vers quelque chose d'important. Finalement, elle arriva à une petite grotte souterraine. Au centre de la grotte se trouvait une fontaine de cristal, d'où coulait une eau claire et scintillante. Autour de la fontaine, de petites créatures lumineuses dansaient, ressemblant à des fées.

Claire resta bouche bée. Elle n'avait jamais rien vu de tel. Les fées s'arrêtèrent de danser en la voyant et l'une d'elles s'approcha.

« Bienvenue, Claire, » dit la fée d'une voix douce. « Tu as trouvé le secret du jardin. »

« C'est donc ça, le secret de l'arbre ? » demanda Claire, encore émerveillée. « Une fontaine magique et des fées ? »

La fée hocha la tête en souriant. « Oui, mais cette fontaine est spéciale. Elle n'est visible qu'aux enfants qui croient en la magie, et elle a le pouvoir de réaliser un souhait, mais un seul. »

Claire réfléchit longuement. Elle avait tant de choses qu'elle aurait pu souhaiter : une nouvelle bicyclette, un chiot, ou même un voyage autour du monde. Mais en regardant la fontaine, elle se souvint de quelque chose de bien plus important.

« Je voudrais que ma grand-mère soit toujours en bonne santé, » dit-elle doucement. « Elle est la personne que j'aime le plus, et je veux qu'elle soit heureuse. »

La fée sourit avec tendresse. « Ton souhait est noble, Claire. La fontaine exaucera ton vœu. »

Alors que Claire regardait, la lumière de la fontaine sembla briller encore plus fort pendant quelques instants, puis elle s'estompa doucement.

« C'est fait, » dit la fée. « Ta grand-mère restera en bonne santé, grâce à ton cœur pur et à ton vœu désintéressé. »

Claire se sentit remplie de joie. Elle remercia les fées et la fontaine, puis retourna à travers le tunnel pour sortir du trou au pied de l'arbre.

De retour à la surface, tout semblait normal, mais Claire savait que quelque chose avait changé. Elle se précipita à la maison pour voir sa grand-mère. Celle-ci était dans la cuisine, préparant une tarte aux pommes comme elle aimait tant le faire. Elle sourit à Claire.

« Tu as l'air heureuse, ma chérie, » dit sa grand-mère en lui tendant un morceau de tarte. « Est-ce que tu as découvert quelque chose d'intéressant dans le jardin ? »

Claire sourit mystérieusement. « Peut-être bien. Mais c'est un secret. »

Sa grand-mère la regarda avec affection, comme si elle savait exactement de quoi parlait Claire. Après tout, elle avait sûrement découvert le secret du jardin bien des années auparavant, quand elle-même était enfant.

Chaque jour qui suivit, Claire passa encore plus de temps avec sa grand-mère, sachant que son souhait avait été réalisé. Le pommier dans le jardin resta leur endroit préféré, un lieu où la magie et l'amour se rejoignaient.

The Secret of the Enchanted Garden

In a small village, surrounded by green hills, lived a little girl named Claire. Claire was eight years old and loved playing in her grandmother's garden. It wasn't an ordinary garden, as it always seemed to hide something mysterious. The flowers grew taller than in any other garden, and the birds sang melodies that Claire didn't hear anywhere else.

But what Claire loved the most was the old apple tree at the back of the garden. It had a strange shape, with its twisted branches and visible roots that seemed to snake beneath the ground. Her grandmother always told her that this tree was special.

"It holds a secret," her grandmother had said with a smile one day as they sat in the tree's shade. "But only children who believe in magic can discover it."

From that day, Claire couldn't stop wondering. What could the apple tree's secret be? Was there a treasure hidden under its roots? Or maybe a door to another world?

One summer afternoon, while Claire was playing alone in the garden, she decided that she was ready to uncover the tree's secret. She approached the gnarled trunk, placed her hand on it, and softly whispered, "Please show me your secret."

For a moment, nothing happened. Claire thought she might have misunderstood her grandmother's words. But suddenly, she felt a slight vibration under her fingers. The leaves of the tree began to rustle, as if an invisible wind was brushing them, and the roots slowly started to move, revealing a small hole at the base of the trunk.

Claire's heart pounded. She knelt down and looked closer. The hole seemed to go deep into the ground, but a soft golden light glowed from inside. Without hesitation, Claire crawled into the hole, following the light.

The tunnel was longer than she had imagined, but she wasn't afraid. She knew the tree was guiding her to something important. Finally, she arrived in a small underground cave. In the center of the cave was a crystal fountain, from which clear, shimmering water flowed. Around the fountain, tiny glowing creatures danced, resembling fairies.

Claire stood in awe. She had never seen anything like it. The fairies stopped dancing when they saw her, and one of them approached.

"Welcome, Claire," the fairy said in a soft voice. "You've found the garden's secret."

"So this is the tree's secret?" Claire asked, still amazed. "A magic fountain and fairies?"

The fairy nodded with a smile. "Yes, but this fountain is special. It's only visible to children who believe in magic, and it has the power to grant one wish, but only one."

Claire thought long and hard. There were so many things she could wish for: a new bicycle, a puppy, or even a trip around the world. But as she gazed at the fountain, she remembered something much more important.

"I wish for my grandmother to always be healthy," she said softly. "She's the person I love most, and I want her to be happy."

The fairy smiled tenderly. "Your wish is noble, Claire. The fountain will grant it."

As Claire watched, the fountain's light seemed to shine even brighter for a few moments, then gently faded away.

"It's done," said the fairy. "Your grandmother will remain healthy, thanks to your pure heart and selfless wish."

Claire felt filled with joy. She thanked the fairies and the fountain, then made her way back through the tunnel to emerge from the hole at the base of the tree.

Back on the surface, everything seemed normal, but Claire knew something had changed. She rushed home to see her grandmother. She was in the kitchen, making an apple pie, as she loved to do. She smiled at Claire.

"You look happy, my dear," her grandmother said, handing her a slice of pie. "Did you discover something interesting in the garden?"

Claire smiled mysteriously. "Maybe. But it's a secret."

Her grandmother looked at her fondly, as if she knew exactly what Claire was talking about. After all, she had probably discovered the garden's secret many years ago, when she herself was a child.

Each day after that, Claire spent even more time with her grandmother, knowing that her wish had come true. The apple tree in the garden remained their favorite spot, a place where magic and love came together.